슬기로운 초등 입학 준비를 위

자신만만
1학년

**자신만만한 1학년이 되고 싶은 친구들,
여기 모두모두 모여요!**

사랑스러운 우리 친구들을 위해
이은경 선생님이 재미있고, 새롭고, 신나고, 귀여운 것들을
가득가득 준비했어요.
학교에 들어가기 전 우리 친구들이 느낄 걱정을
한 방에 해결할 열쇠가 바로 이 책에 있답니다.

이 책에서 친구들이 하게 될 활동이 무엇일지 정말 궁금하죠?
복잡한 구구단일까요? 어려운 맞춤법일까요?

땡, 모두 아니에요!

이 책에서 다루는 활동은 결코 복잡하거나 어렵지 않아요.
자신만만한 1학년이 되고 싶은 우리 친구들이
미리 해 봐야 할 즐거운 활동으로 꽉 채워져 있답니다.
이 책에 나온 활동들을 모두 하고 나면,
진짜 1학년이 되어 공부하고 생활하고 숙제하는 데
전혀 어려움 없이 척척 해낼 수 있을 거예요.
정말 이것만 하면 되냐고요? 네, 그래요!

「자신만만 1학년」 시리즈의 다양한 활동을
한 번씩만 해 보면 1학년 수업은 식은 죽 먹기가 될 거예요!

1. 색연필로 색칠하고 그려요

소근육이 크게 발달하는 1학년 아이들에게는 연필보다 색연필이 훨씬 좋은 필기구가 되어 줄 거예요. 의젓한 자세로 뾰족한 연필을 들고 글씨를 또박또박 써 내려가려면, 뭉툭하지만 단단한 색연필로 먼저 써 보는 경험이 필요하답니다.

색연필처럼 뭉툭하게 잘 써지는 사인펜을 좋아하는 친구도 있겠지만, 사인펜은 추천하지 않아요. 색연필에 비해 너무 미끄럽거든요. 색연필로 색칠하고 따라 그리다 보면 연필로 글씨를 바르게 쓰는 데 도움이 된답니다.

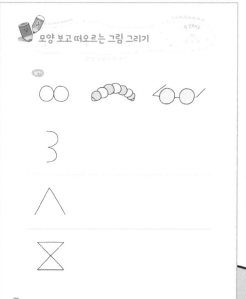

13

20

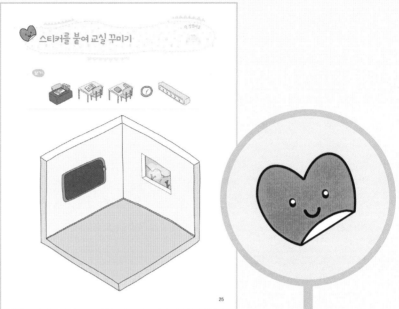

2. 스티커를 찾아 붙여요

스티커를 떼어 알맞은 곳에 붙이는 활동은 초등학교 교과서에도 자주 등장하는 중요한 활동이에요. 입학하기 전에 스티커 떼어 붙이기를 충분히 해 본 아이는 교과 수업에 자신감을 가질 수 있어요.

얼핏 단순한 놀이처럼 보이지만, 스티커를 떼어 정확한 위치에 붙이는 활동은 뇌와 눈과 손이 정확하게 협응해야만 가능한 일이에요. 아이에게 도움을 많이 주는 복잡한 활동이자, 소근육을 즐겁게 사용하도록 유도하는 만능 통치약 같은 활동이랍니다.

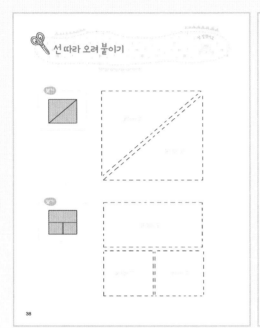

선 따라 오려 붙이기

38

다양한 모양 오려 붙이기

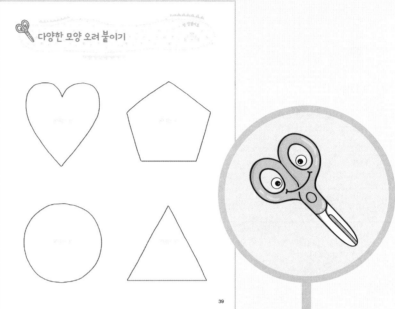

39

3. 가위로 오려 만들어요

색연필로 그림을 따라 그리고, 스티커를 붙여 본 친구들이라면 가위질 연습도 즐거운 활동이 될 거예요. 입학 후 교실에서는 가위를 들고 오리는 활동도 자주 하기 때문에 미리 준비해 둘수록 자신만만해질 거예요. 가위질을 할 때는 속도가 중요해요. 아무리 꼼꼼하고 소근육이 발달한 친구라도, 빨리하려고 서두르면 삐뚤빼뚤해질 수밖에 없거든요. 속도는 자연스레 빨라질 테니 일단 천천히 선을 따라 예쁘게 오리는 경험을 충분히 하도록 도와주세요.

4. 연필로 또박또박 써요

아이의 1학년 입학을 앞둔 엄마, 아빠의 조급한 마음을 잘 압니다만 누가 더 빨리 연필을 잡고 글자와 숫자를 쓰느냐로 결정되는 건 아무것도 없답니다. 한글을 먼저 읽는 순서대로 좋은 대학에 합격하는 것이 아니듯, 연필로 글자를 쓰거나 연산을 하는 시기 역시 크게 중요한 건 아니에요. 아이가 책을 여기저기 넘기며 선을 긋고, 미로 속 길을 찾고, 다른 그림을 찾는 동안 집중력이 늘어나고 연필로 하는 활동에 흥미를 느낄 겁니다. 자연스레 연필로 글자와 숫자를 흉내 내며 한글과 수학을 익히는 시기가 올 거예요. 그때가 되면 세상에서 가장 큰 박수로 아이의 성장을 기뻐하는 엄마, 아빠가 되어 주세요.

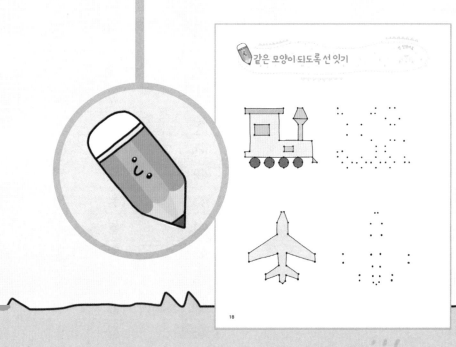

이렇게 공부할래요!

정답은 **88쪽**에

1

따라 그리기

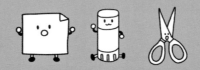

- 선 따라 그리기
- 점선 따라 그려 모양 완성하기
- 선 그려 모양 완성하기
- 같은 모양이 되도록 선 잇기
- 간단한 얼굴 따라 그리기
- 모양 보고 떠오르는 그림 그리기

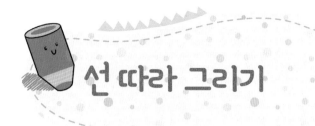

선 따라 그리기

선 따라 그리기

점선 따라 그려 모양 완성하기

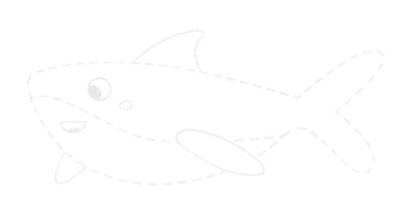

참 잘했어요

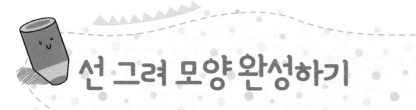
선 그려 모양 완성하기

같은 모양이 되도록 선 잇기

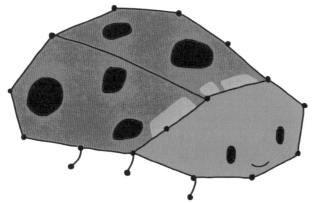

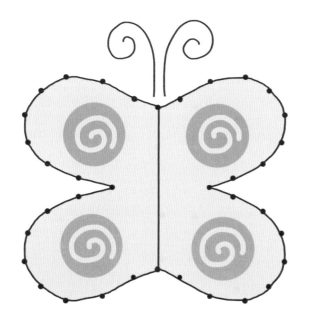

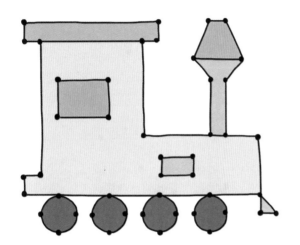

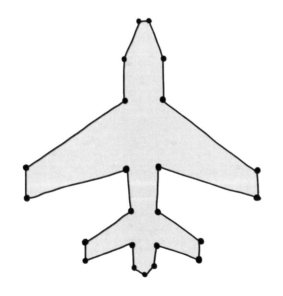

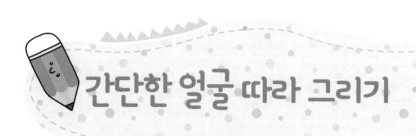

간단한 얼굴 따라 그리기

모양 보고 떠오르는 그림 그리기

참 잘했어요

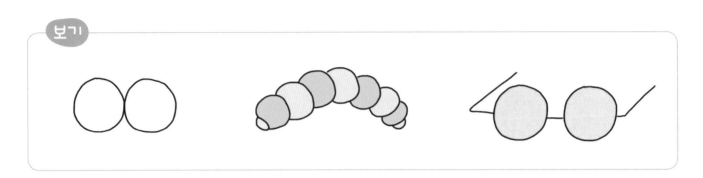

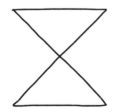

그림에서 코끼리, 토끼, 강아지, 고양이를 찾아 그려 보세요.

2

스티커 붙이기

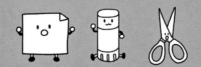

스티커를 붙여 내 방 꾸미기

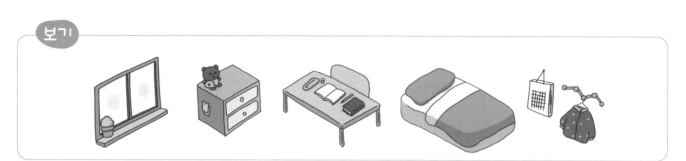

보기

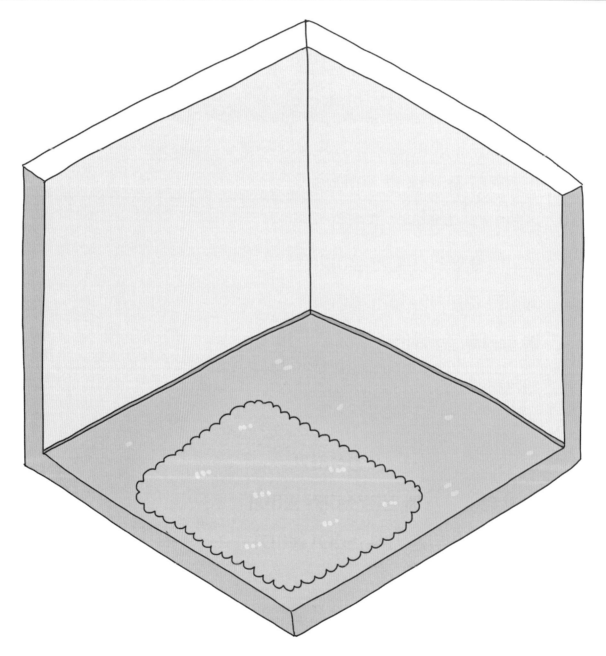

스티커를 붙여 교실 꾸미기

보기

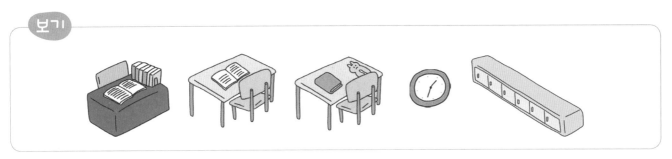

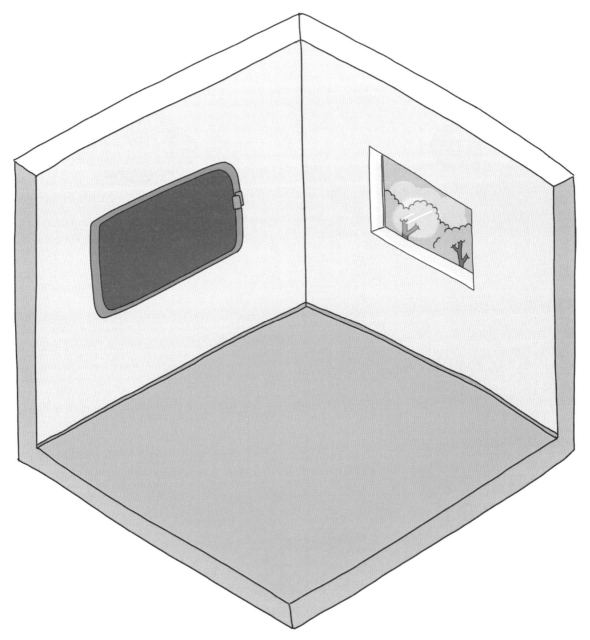

날씨에 어울리는 물건 붙이기

계절에 어울리는 물건 붙이기

봄 풍경을 스티커로 자유롭게 꾸미기

보기

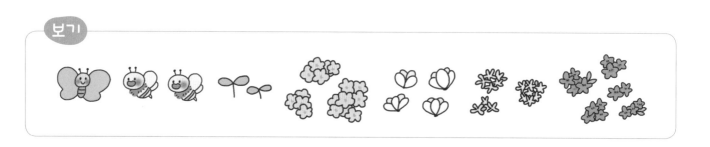

책가방에 넣을 물건 스티커 붙이기

보기

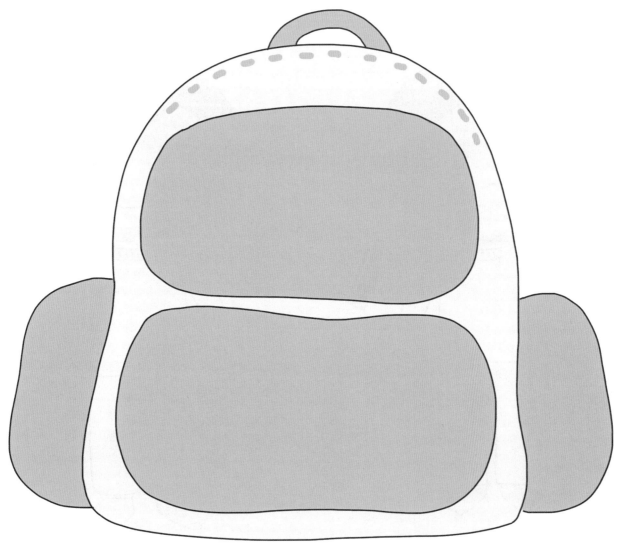

스티커를 붙여 한복 입히기

보기

스티커를 붙여 태극기 완성하기

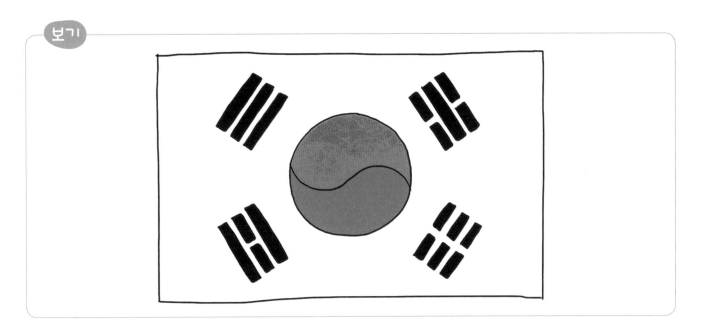

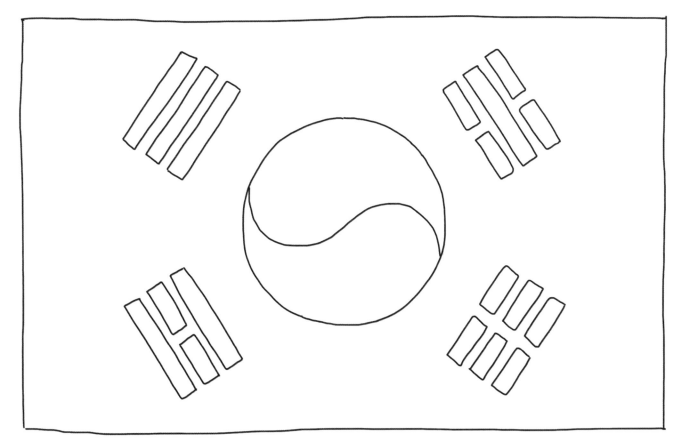

칭찬 받을 행동에 칭찬 스티커 붙이기

참 잘했어요

분리수거 함에 알맞은 스티커 붙이기

보기

종이   유리   캔   플라스틱

급식판에 맛있는 음식 스티커 붙이기

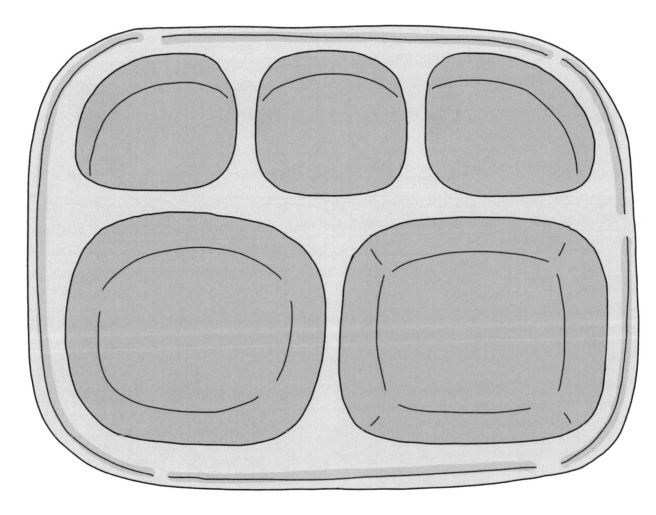

스티커를 활용해서 친구에게 줄 생일 카드를 만들어 보세요.

3

오려 붙이기

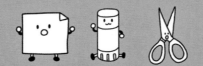

선 따라 오려 붙이기

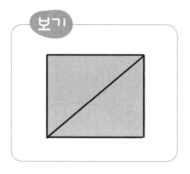

보기

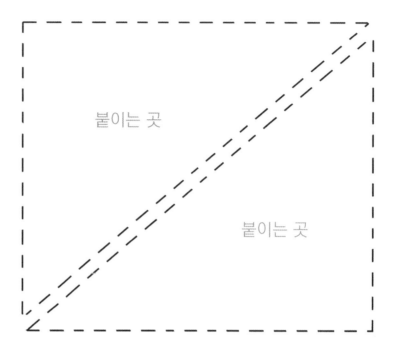

붙이는 곳

붙이는 곳

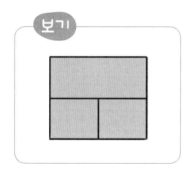

보기

붙이는 곳

붙이는 곳

붙이는 곳

다양한 모양 오려 붙이기

붙이는 곳

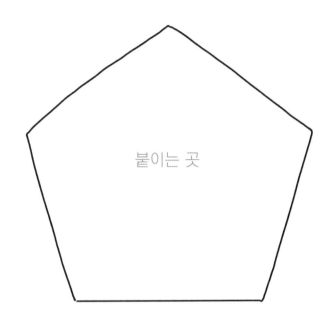

붙이는 곳

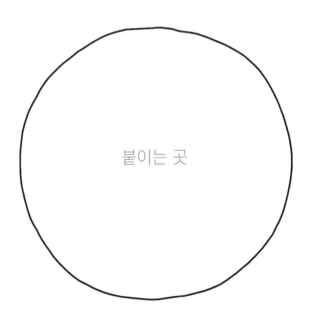

붙이는 곳

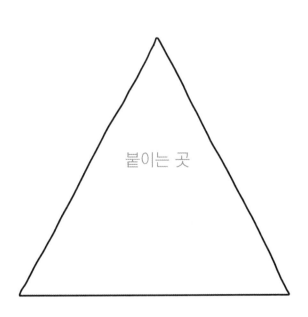

붙이는 곳

오리고 붙여 생일 케이크 꾸미기

보기

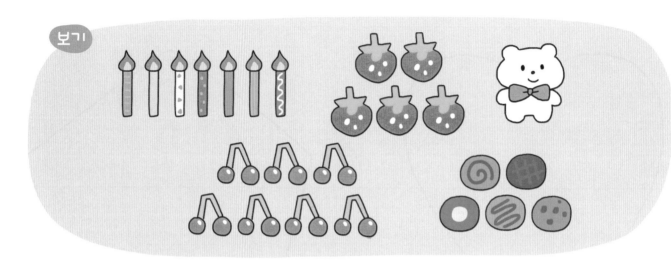

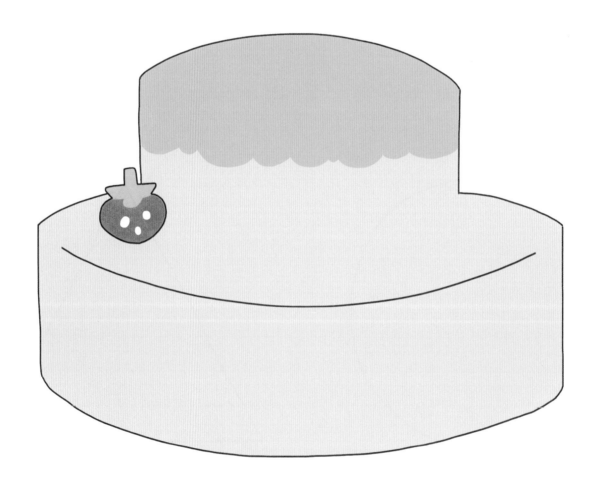

꽃병에 꽃 오려 붙이기

보기

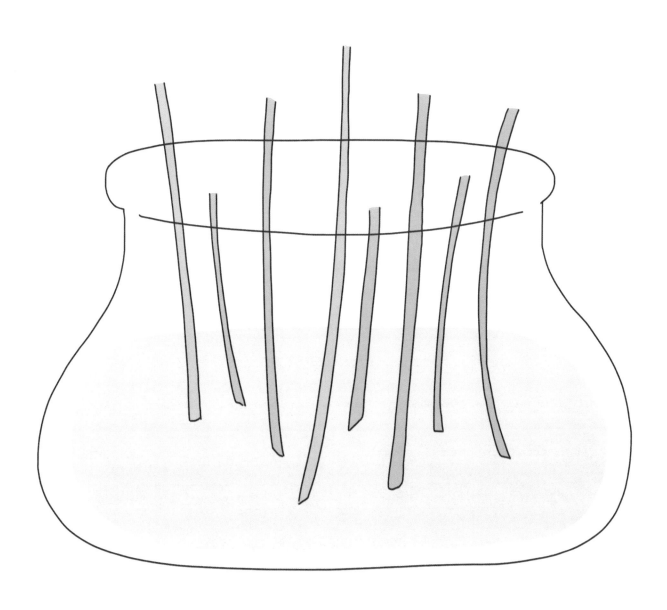

오려 붙여 애벌레 만들기

참 잘했어요

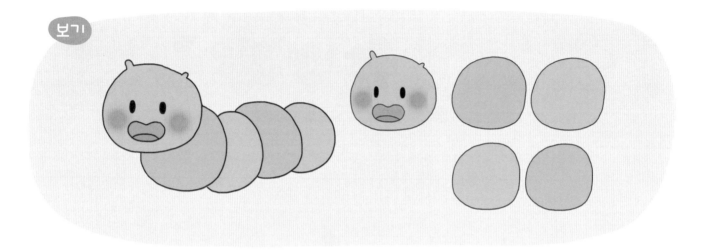

오려 붙여 팥빙수 만들기

보기

오려 붙여 잠자리 만들기

보기

오려 붙여 잠자리 만들기

오려 붙여 트리 꾸미기

보기

반으로 접어 오리고 펼쳐 색칠하기

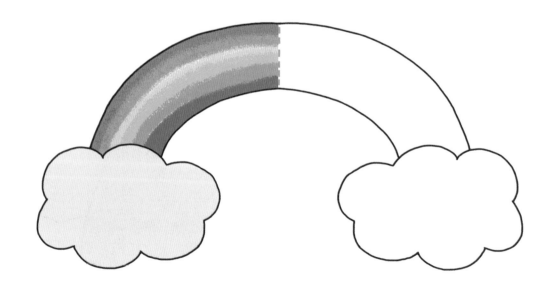

반으로 접어 오리고 펼쳐 색칠하기

가면 오려 만들기

보기

사랑하는 엄마, 아빠께
카네이션을 만들어 가슴에 달아 드리세요.

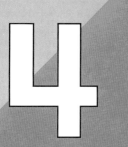

4

색칠하기

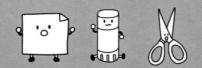

과일 색칠하기

창 잘했어요

52

장난감 색칠하기

참 잘했어요

동물 색칠하기

여러 가지 직업 색칠하기

의사

가수

선생님

로봇 공학자

바닷속 풍경 색칠하기

여러 나라 전통 의상 색칠하기

멕시코 베트남 러시아 케냐

숫자에 맞는 색깔로 색칠하기

 보기   1   2   3   4   5   6   7

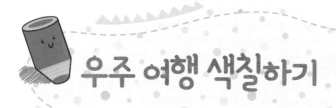

기후 위기로 북극곰이 위험에 처해 있어요.
북극곰에게 아름다운 자연을 그려서 선물해 주세요.

5

미로 찾기

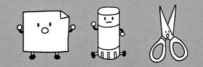

미로 찾기

출발!

도착!

공원에서 미로 찾기

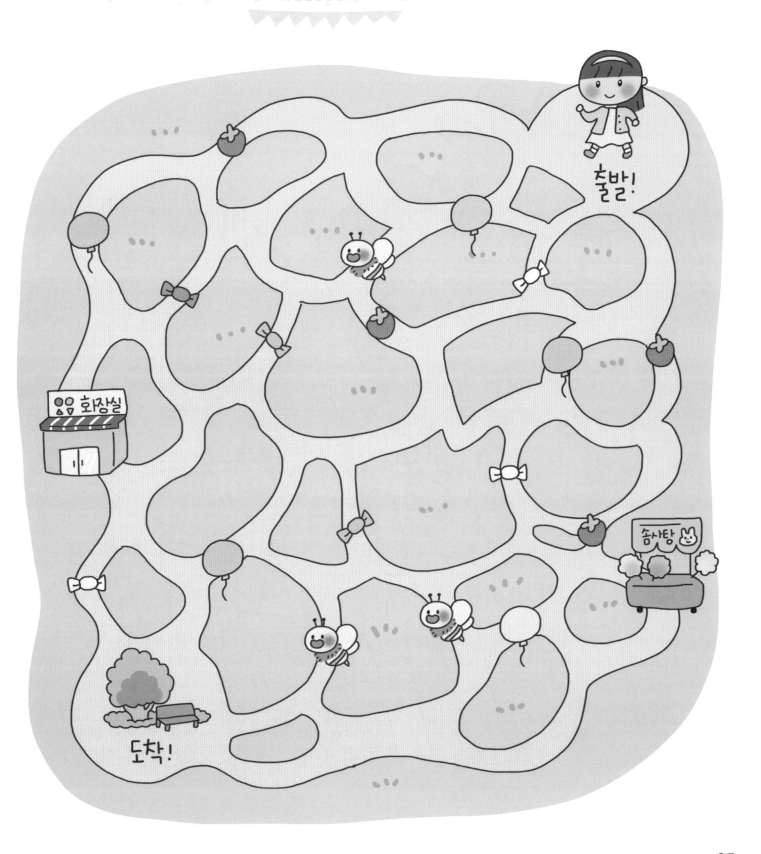

기린 미로 찾기

출발!

도착

보물 지도 미로 찾기

모래성 미로 찾기

출발!

도착!

우리나라 지도 미로 찾기

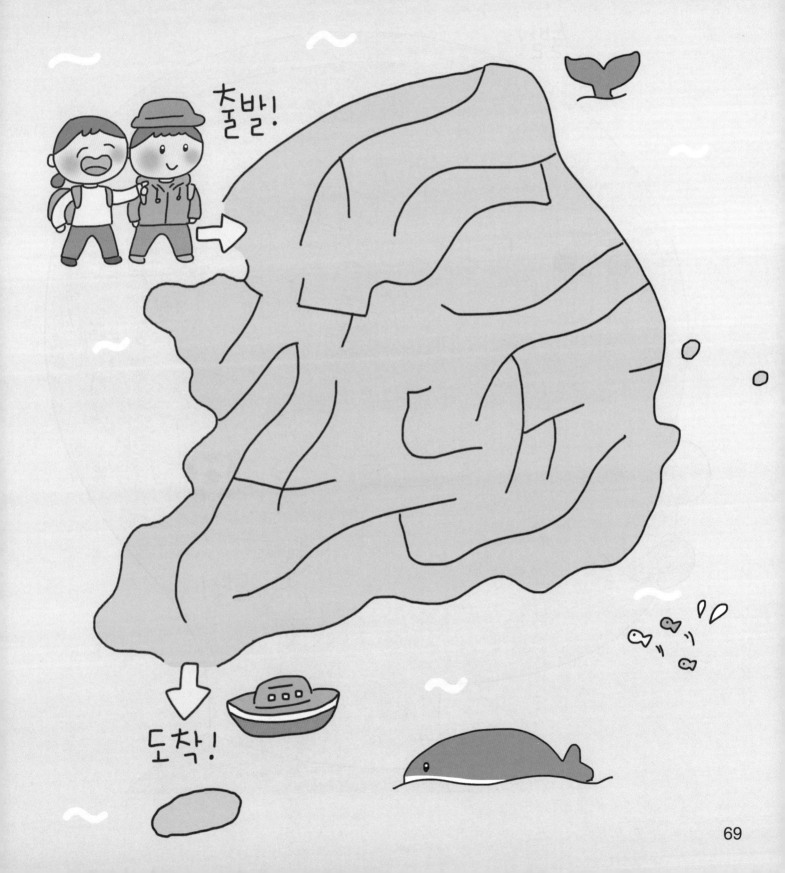

머릿속 미로 찾기

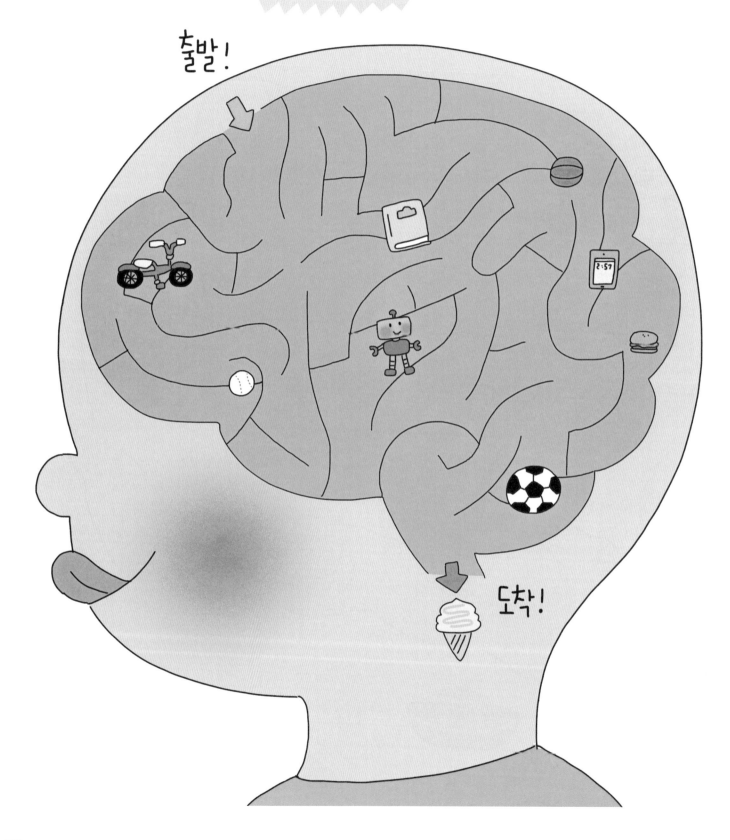

출발!

도착!

참 잘했어요

갖고 싶은 선물 미로 찾기

오늘은 혼자 학교에 가는 날이에요.
여러 길을 찾아 학교에 가 보세요.

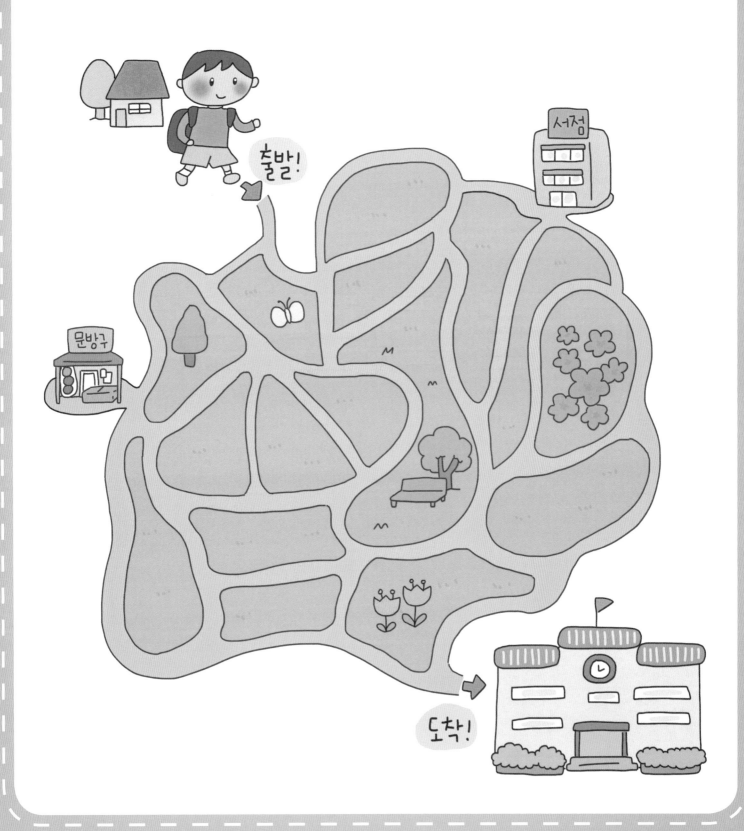

6

다른 그림 찾기

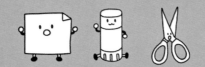   

입학식에서 다른 그림 5개 찾기

캠핑장에서 다른 그림 5개 찾기

여름 강가에서 다른 그림 5개 찾기

『아기 돼지 삼 형제』 다른 그림 5개 찾기

참 잘했어요

운동회에서 다른 그림 5개 찾기

참 잘했어요

지진 대피 훈련에서 다른 그림 5개 찾기

학교 놀이터에서 다른 그림 5개 찾기

급식실에서 다른 그림 5개 찾기

마트에서 다른 그림 5개 찾기

『토끼와 거북이』 다른 그림 5개 찾기

슈퍼 마리오에서 다른 그림 5개 찾기

두 그림을 자세히 보면 다른 곳이 있어요.
찾아서 동그라미 표시해 주세요.

12 ~ 13쪽

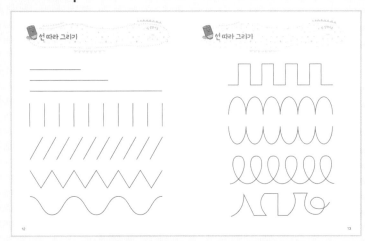

14 ~ 15쪽

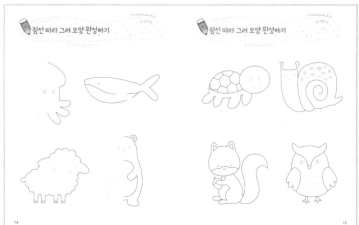

16 ~ 17쪽

18 ~ 19쪽

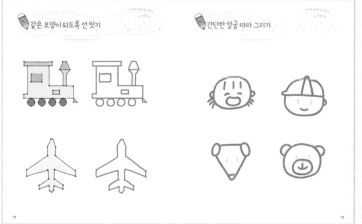

20 ~ 21쪽

24 ~ 25쪽

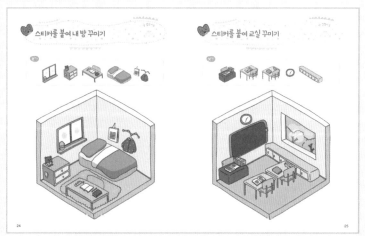

26 ~ 27쪽

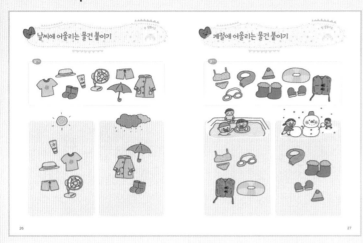

28 ~ 29쪽

30 ~ 31쪽

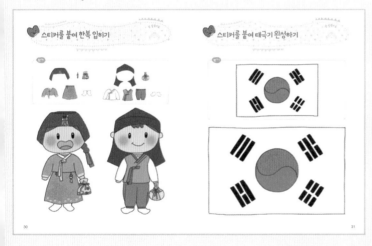

32 ~ 33쪽

34 ~ 35쪽

38 ~ 39쪽

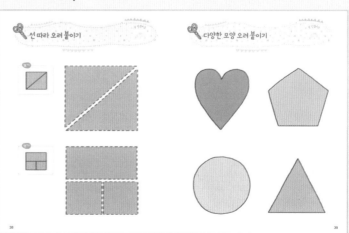

정답

40 ~ 41쪽

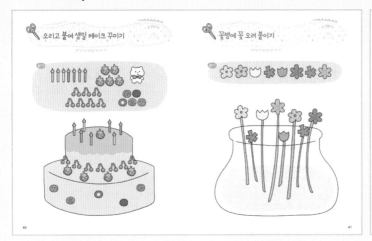

42 ~ 43쪽

44 ~ 45쪽

46 ~ 47쪽

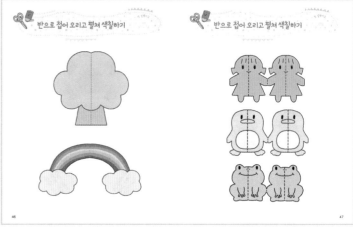

48 ~ 49쪽

52 ~ 53쪽

54 ~ 55쪽

56 ~ 57쪽

58 ~ 59쪽

60 ~ 61쪽

64 ~ 65쪽

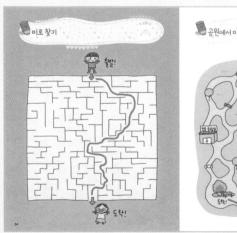

66 ~ 67쪽

정답

68 ~ 69쪽

70 ~ 71쪽

72 ~ 73쪽

76 ~ 77쪽

78 ~ 79쪽

80 ~ 81쪽

82 ~ 83쪽

84 ~ 85쪽

86 ~ 87쪽

-38쪽

-39쪽

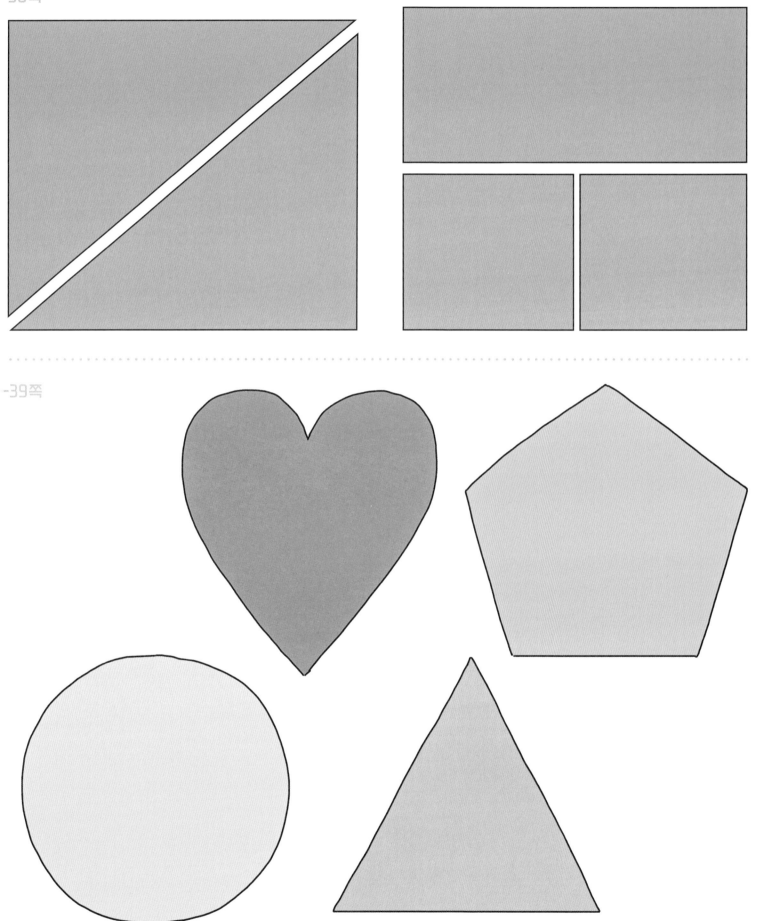

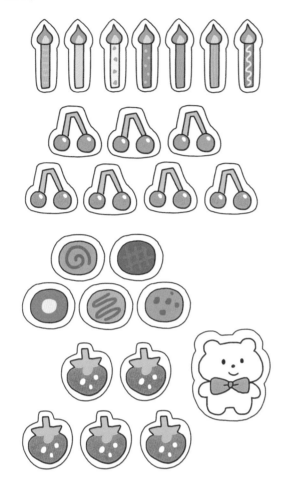
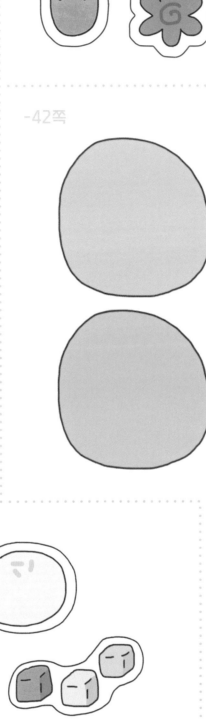
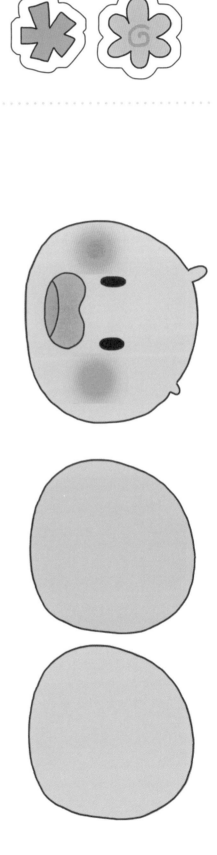
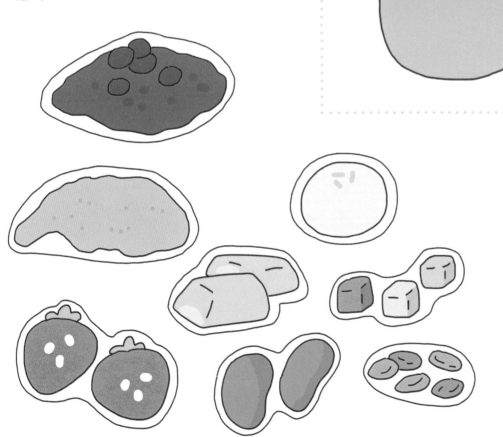

MERRY CHRISTMAS

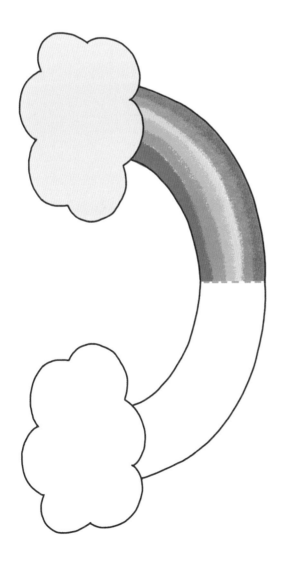

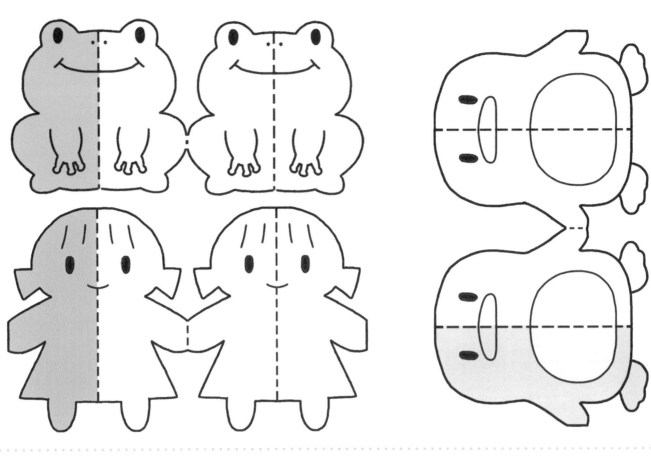

메모

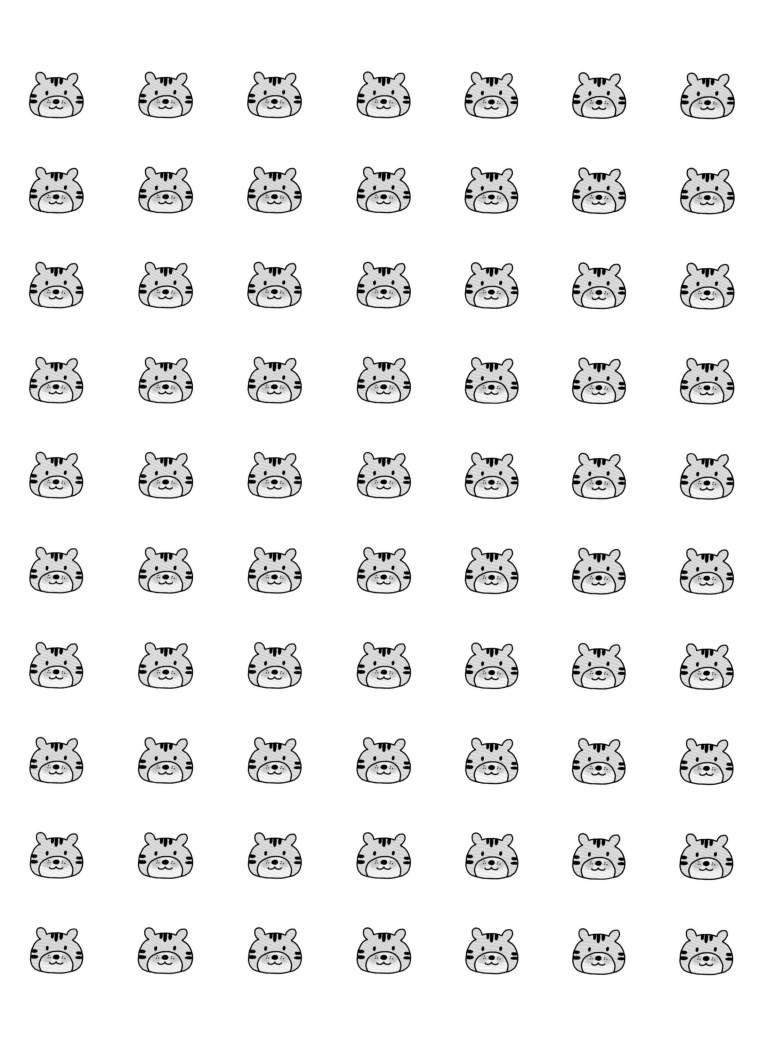

-25쪽
-24쪽
-26쪽
-29쪽
-27쪽

SUN

야
아